또박또박

6급 한자 150자 쓰기

六級 6급 한자 따라쓰기

기초 한자 프로그램

漢字

<한자를 공부하는 어린이들을 위한 지침서>

6급한자 따라쓰기는 한자능력검정시험에서 다루는
쓰기 배정한자 150자를 기본으로 읽고 쓰는 것에 중점을 두었습니다.

합리적이고 체계적인 교육 프로그램으로
급수한자에 도전하세요!

Little 신인류

 ## 한자의 3요소

한자(漢字)를 만드는 데는, 모양(형;形)·소리(음;音)·뜻(훈;訓) 의 세 가지가 반드시 있어야 합니다. 이것을 '한자의 3요소' 라고 합니다.

 ## 한자가 만들어진 과정

한자(漢字)가 생기게 된 것은 다음과 같은 발전 과정이 있었기 때문입니다. 이것을 '六書(육서)' 라고 합니다. 즉, 한자의 구조 및 사용에 관한 여섯 가지 구별되는 명칭으로, 한자의 구조를 이해하는데 도움이 될 것입니다.

① 상형문자(象形文字)

모양을 본뜬다는 뜻으로, 사물의 모양이나 특징을 본떠서 만든 글자입니다.

메 산(山) 자는 산 모양을 그대로 단순화 시켜서 만든 글자입니다.

② 지사문자(指事文字)

손가락 글자라는 뜻으로, 눈에 보이지 않는 생각이나 뜻을 나타낸 글자입니다.

위를 가리키는 '상(上)' 은 기준이 되는 선 위에 물체가 있다는 뜻입니다.

③ 회의문자(會意文字)
상형문자나 지사문자 등 이미 만들어진 글자를 합하여 만든 글자로, 뜻과 뜻을 합하여 새롭게 만든 글자입니다.

木 (나무 목) + 木 (나무 목) = 林 (수풀 림)

나무와 나무들이 모여서 수풀을 이룬다는 뜻입니다.

④ 형성문자(形聲文字)
뜻과 소리를 나타내는 두 글자가 합쳐진 글자입니다.

靑 (푸를 청) + 氵 (물 수 변) = 淸 (맑을 청)

물이 푸르다, 곧 맑다는 뜻과 청의 음을 합친 글자입니다.

⑤ 가차문자(假借文字)
글자의 뜻에 관계없이 소리만 빌어서 만든 글자입니다.

ASIA (아시아) = 亞細亞 (아세아)

아시아라는 대륙 이름을 한자로 쓴 것으로, 한자의 뜻으로 보면 전혀 맞지 않습니다. 가차문자는 주로 외래어를 표기할 때 쓰입니다.

⑥ 전주문자(傳注文字)
같은 모양의 글자가 본래의 뜻과 다르게 쓰이는 글자입니다.

樂
악 : 풍류 악(본래의 뜻)
락 : 즐길 락
요 : 좋아할 요

惡
악 : 악할 악(본래의 뜻)
오 : 미워할 오

위의 두 글자는 본래의 뜻과 다르게 음과 뜻이 다르게 쓰였습니다.

 **한자의 획**

획 : 점과 선을 말합니다. 한자를 쓸 때 연필을 한 번 대었다가 뗄 때까지 그은
점이나 선을 한 획으로 계산합니다.
획수 : 글자를 쓸 때 획의 수를 뜻합니다.
총획 : 한 글자를 쓸 때 모두 몇 획으로 이루어져 있는가를 말합니다.

(나무 목의 경우)　　　　　　　　　　　총획은 4획

 **한자를 쓰는 순서**

한자(漢字)를 쓰는 순서를 '획순(劃順)' 혹은 '필순(筆順)'이라고 합니다.
손으로 글자를 쓸 경우 그 글자를 어디서부터 쓰기 시작하여 어떻게 완성해 가는
가에 대한 순서입니다.
필순은 반드시 지켜야 하는 법은 없지만, 습관을 들이면 보기 좋은 글자를 쓸 수
있고 바르고 정확하게 쓸 수 있습니다.

필순은 크게 몇 가지 원칙이 있습니다.

① 가로의 경우, 왼쪽에서 오른쪽으로,
② 세로의 경우, 위에서 아래로,
③ 가로 세로가 섞여 있는 경우에는, 대부분 가로를 먼저 씁니다.

 ①②의 경우　　　 ③의 경우

4

 부수의 의미

信 伸 代 仁 仙

　위의 한자를 보면, 모든 글자 왼쪽에 '亻(사람 인)'이 있는 것을 볼 수 있습니다. 이처럼 글자에 공통적으로 들어가는 글자가 바로 '**부수**' 입니다.
부수는 많은 한자를 구분하는데 기준이 되기 때문에 한자에서는 아주 중요합니다. 흔히 한자 사전(옥편)을 펼쳐 보았을 때 안 표지에 나열된 것이 부수들입니다.

 부수의 종류

① 부수의 모양

　부수는 쓰임에 따라서 원래의 글자 모양이 바뀌고 이름도 달라집니다. 대표적인 예로 다음과 같은 것들이 있습니다.

원형	부수로 쓰일 때	뜻과 음	원형	부수로 쓰일 때	뜻과 음
人	亻	사람 인	水	氵	물 수
心	忄	마음 심	刀	刂	칼 도

② 부수의 종류와 이름

변 : 글자 왼쪽에 있는 부수 믿을 신 信(亻 사람 인변)	**엄** : 위에서 아래쪽에 있는 부수 병들 병 病(疒 병질 엄)
방 : 글자 오른쪽에 있는 부수 떼 부 部(阝 우부방)	**받침** : 왼쪽에서 아래에 있는 부수 길 도 道(辶 책받침)
머리 : 글자 위쪽에 있는 부수 집 우 宇(宀 갓머리, 집 면)	**몸** : 글자를 에워싸고 있는 부수 그림 도 圖(口 큰입 구몸, 에울 위)
발 : 글자 아래쪽에 있는 부수 생각할 사 思(心 마음 심발)	**제부수** : 글자 자체가 부수 말 마 馬(馬 말 마 부수)

각각 '각(各)'

훈 : 각각, 제각기 / 음 : 각 / 총획 : 6획

부수 : 口 (입 구)

各各各各各各

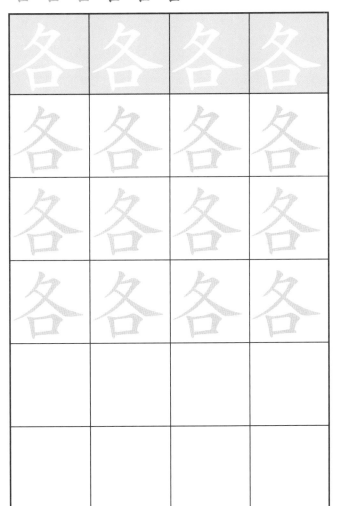

各	各	各	各
各	各	各	各
各	各	各	各
各	各	各	各

■ 각(各)의 낱말 쓰임

각자(各自) : 각각의 자기. 제각기. 저마다 따로 따로

각양각색(各樣各色) : 서로 다른 여러 가지 모양과 색깔. 여러 가지

뿔 '각(角)'

角

훈 : 뿔, 모나다 / 음 : 각 / 총획 : 7획

부수 : 角 (제 부수)

角角角角角角角

角	角	角	角
角	角	角	角
角	角	角	角
角	角	角	角

■ 각(角)의 낱말 쓰임

각도(角度) : 각의 크기. 사물을 보거나 생각하는 방향. 관점

직각(直角) : 서로 수직인 두 직선이 이루는 각. 90도의 각

느낄 '감 (感)'

훈 : 느끼다, 감동하다 / 음 : 감 / 총획 : 13획

부수 : 心 (마음 심)

感感感感感感感感感感

感	感	感	感
感	感	感	感
感	感	感	感
感	感	感	感

굳셀 '강 (強)'

훈 : 굳세다, 힘쓰다 / 음 : 강 / 총획 : 11획

부수 : 弓 (활 궁)

強強強強強強強強強強

強	強	強	強
強	強	強	強
強	強	強	強
強	強	強	強

■ 감(感)의 낱말 쓰임

감상(感想) : 마음에 느끼어 일어나는 생각

동감(同感) : 남과 같게 생각하거나 느낌, 또는
그 생각이나 느낌

■ 강(強)의 낱말 쓰임

강국(強國) : 세력이 강한 나라. 강대국
/ 반대말 : 약국(弱國)

최강(最強) : 가장 강함

열 '개 (開)'

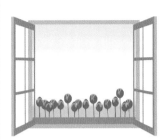

훈 : 열다, 피다 / 음 : 개 / 총획 : 12획

부수 : 門 (문 문)

開開開開開開開開開開

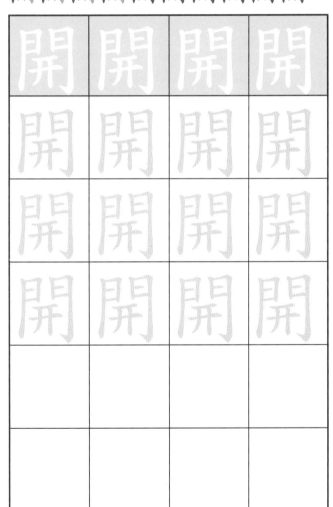

■ 개(開)의 낱말 쓰임

개교(開校) : 새로 세운 학교에서 수업을 처음
으로 시작함

만개(滿開) : 많은 꽃이 활짝 다 핌. 활짝 열어
놓음

서울 '경 (京)'

훈 : 서울, 언덕 / 음 : 경 / 총획 : 8획

부수 : 亠 (돼지 해머리)

京京京京京京京京

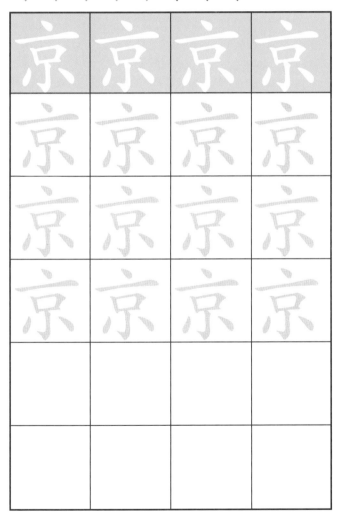

■ 경(京)의 낱말 쓰임

경성(京城) : 도읍의 성. 서울. 서울의 옛 이름
상경(上京) : 시골에서 서울로 올라옴

경계 '계 (界)'

| 훈 : 경계, 지경 / 음 : 계 / 총획 : 9획 |
| 부수 : 田 (밭 전) |

界	界	界	界
界	界	界	界
界	界	界	界
界	界	界	界

■ 계(界)의 낱말 쓰임

세계(世界) : 지구 위의 모든 지역. 온 세상. 모든 나라

외계(外界) : 사람이나 사물 등을 둘러싸고 있는 모든 것. 환경. 지구 밖의 세계

셈할 '계 (計)'

| 훈 : 셈하다, 꾀하다 / 음 : 계 / 총획 : 9획 |
| 부수 : 言 (말씀 언) |

計計計計計計計計計

計	計	計	計
計	計	計	計
計	計	計	計
計	計	計	計

■ 계(計)의 낱말 쓰임

계획(計劃) : 미리 견주어 살피고 생각하여 일의 순서를 세움. 또는 그 세운 내용

설계(設計) : 공사나 공작 등에서 계획을 세워 도면 등에 구체적으로 명시하는 일

옛 '고 (古)'

훈 : 옛날, 선조 / **음** : 고 / **총획** : 5획

부수 : 口 (입 구)

古古古古古

古	古	古	古
古	古	古	古
古	古	古	古
古	古	古	古

■ 고(古)의 낱말 쓰임

고목(古木) : 오래 묵은 나무

중고품(中古品) : 약간 낡은, 헌 물건. 조금 쓰던 것

높을 '고 (高)'

훈 : 높다, 뛰어나다 / **음** : 고 / **총획** : 10획

부수 : 高 (제 부수)

高高高高高高高高高高

高	高	高	高
高	高	高	高
高	高	高	高
高	高	高	高

■ 고(高)의 낱말 쓰임

최고(最高) : 가장 높음. 가장 나음

고교(高校) : 고등학교의 준말

괴로울 '고 (苦)'

훈 : 괴로워하다, 쓰다 / 음 : 고 / 총획 : 9획

부수 : ⺿ (초두밑 = 艸-풀 초)

苦苦苦苦苦苦苦苦苦

苦	苦	苦	苦
苦	苦	苦	苦
苦	苦	苦	苦
苦	苦	苦	苦

공변될 '공 (公)'

훈 : 공변되다, 함께하다 / 음 : 공 / 총획 : 4획

부수 : 八 (여덟 팔)

公公公公

公	公	公	公
公	公	公	公
公	公	公	公
公	公	公	公

■ 고(苦)의 낱말 쓰임

고생(苦生) : 괴롭고 힘드는 일을 겪음
병고(病苦) : 병으로 말미암은 고통. 질고. 환고

■ 공(公)의 낱말 쓰임

공원(公園) : 일반인들의 휴식과 보건을 위한 시설이 되어 있는 큰 정원이나 지역
견공(犬公) : 개를 사람 부르듯이 높이어 이르는 말

공 '공 (功)'

훈 : 공적, 일하다 / 음 : 공 / 총획 : 5획

부수 : 力 (힘 력)

功功功功功

功	功	功	功
功	功	功	功
功	功	功	功
功	功	功	功

■ 공(功)의 낱말 쓰임

공신(功臣) : 나라에 공로가 있는 신하

성공(成功) : 뜻을 이룸. 부유함이나 사회적 지위를 얻음

함께 '공 (共)'

훈 : 함께, 같이 / 음 : 공 / 총획 : 6획

부수 : 八 (여덟 팔)

共共共共共共

共	共	共	共
共	共	共	共
共	共	共	共
共	共	共	共

■ 공(共)의 낱말 쓰임

공동(共同) : 두 사람 이상이 일을 같이 함. 두 사람 이상이 동등한 자격으로 결합함

공익(共益) : 공공의 이익

열매 '과 (果)'

果

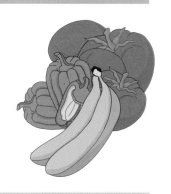

훈 : 열매, 실과 / 음 : 과 / 총획 : 8획

부수 : 木 (나무 목)

果果果果果果果果

果	果	果	果
果	果	果	果
果	果	果	果
果	果	果	果

■ 과(果)의 낱말 쓰임

과즙(果汁) : 과실에서 짜낸 즙. 실과 즙. 열매즙

결과(結果) : 어떤 까닭으로 말미암아 이루어지는 결말이 생김. 또는 그 결말의 상태

과목 '과 (科)'

科

훈 : 과목, 조목 / 음 : 과 / 총획 : 9획

부수 : 禾 (벼 화)

科科科科科科科科科

科	科	科	科
科	科	科	科
科	科	科	科
科	科	科	科

■ 과(科)의 낱말 쓰임

과학(科學) : 어떤 영역의 대상을 객관적인 방법으로, 계통적으로 연구하는 활동

치과(齒科) : 이를 전문으로 치료하고 연구하는 의학의 한 분과

빛 '광 (光)'

훈 : 빛, 빛내다 / 음 : 광 / 총획 : 6획

부수 : 儿 (어진 사람 인)

光光光光光光

■ 광(光)의 낱말 쓰임

광복(光復) : 빼앗긴 주권을 도로 회복함을 일
컫는 말

발광(發光) : 빛을 냄

사귈 '교 (交)'

훈 : 사귀다, 바꾸다 / 음 : 교 / 총획 : 6획

부수 : 亠 (돼지 해머리)

交交交交交交

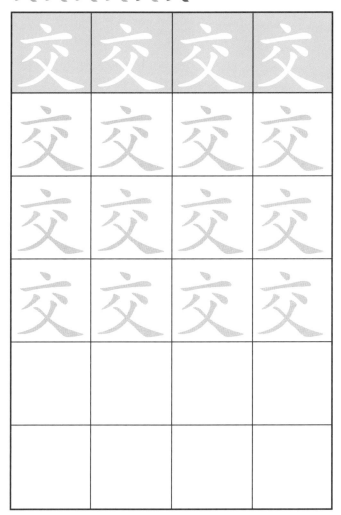

■ 교(交)의 낱말 쓰임

교통(交通) : 서로 막힘이 없이 오고가는 일. 왕
래. 통행

절교(絕交) : 서로 교제를 끊음. 더 이상 사귀지
않음

구역 '구 (區)'

훈 : 구역, 숨기다 / 음 : 구, 우 / 총획 : 11획

부수 : 匚 (터진입구몸)

區區區區區區區區區區

區	區	區	區
區	區	區	區
區	區	區	區
區	區	區	區

공 '구 (球)'

훈 : 공, 옥 / 음 : 구 / 총획 : 11획

부수 : 玉 (구슬 옥)

球球球球球球球球球球

球	球	球	球
球	球	球	球
球	球	球	球
球	球	球	球

■ 구(區)의 낱말 쓰임

구분(區分) : 일정한 기준에 의해 구별하여 나눔
구역(區域) : 기준에 의하여 갈라 놓은 지역 /
　　　　　　　 예 : 금지구역, 통제구역

■ 구(球)의 낱말 쓰임

구장(球場) : 구기 종목을 하는 경기장
축구(蹴球) : 운동 경기의 하나

고을 '군 (郡)'

훈 : 고을 / 음 : 군 / 총획 : 10획

부수 : 阝 (우부방)

郡郡郡郡郡郡郡郡郡郡

郡	郡	郡	郡
郡	郡	郡	郡
郡	郡	郡	郡
郡	郡	郡	郡

가까울 '근 (近)'

훈 : 가깝다, 근처 / 음 : 근 / 총획 : 8획

부수 : 辶 (책받침)

近近近近近近近近

近	近	近	近
近	近	近	近
近	近	近	近
近	近	近	近

■ 군(郡)의 낱말 쓰임

군청(郡廳) : 군의 행정 사무를 맡아 보는 관청
군수(郡守) : 군의 행정 사무를 맡아 보는 군청
　　　　　　의 책임자

■ 근(近)의 낱말 쓰임

근방(近方) : 가까운 곳. 근처
친근(親近) : 서로 정이 두터워 사이가 매우 가
　　　　　　까움

뿌리 '근 (根)'

根

훈 : 뿌리, 근본 / 음 : 근 / 총획 : 10획

부수 : 木 (나무 목)

根根根根根根根根根根

根	根	根	根
根	根	根	根
根	根	根	根
根	根	根	根

■ 근(根)의 낱말 쓰임

근원(根源) : 물줄기가 흘러나오기 시작하는 곳. 어떤 일이 생겨나는 본 바탕

화근(禍根) : 재앙의 근원

이제 '금 (今)'

今

훈 : 이제, 바로 / 음 : 금 / 총획 : 4획

부수 : 人 (사람 인)

今今今今

今	今	今	今
今	今	今	今
今	今	今	今
今	今	今	今

■ 금(今)의 낱말 쓰임

금주(今週) : 이 주일. 이번 한 주일. 금주일

방금(方今) : 바로 이제. 지금. 금방

급할 '급 (急)'

훈 : 급하다, 빠르다 / 음 : 급 / 총획 : 9획

부수 : 心 (마음 심)

急急急急急急急急急

急	急	急	急
急	急	急	急
急	急	急	急
急	急	急	急

■ 급(急)의 낱말 쓰임

급속(急速) : 몹시 빠름. 일 따위의 속도가 매우 빠름

위급(危急) : 매우 위태롭고 급함

등급 '급 (級)'

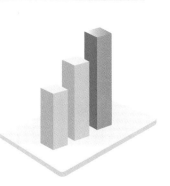

훈 : 차례, 등급 / 음 : 급 / 총획 : 10획

부수 : 糸(실 사)

級級級級級級級級級級

級	級	級	級
級	級	級	級
級	級	級	級
級	級	級	級

■ 급(級)의 낱말 쓰임

급수(級數) : 기술 따위의 우열에 따라 매기는 등급

중급(中級) : 중간의 등급. 가운데의 계급이나 학급

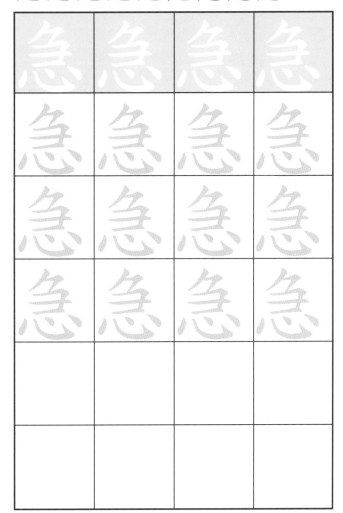

많을 '다 (多)'

훈 : 많다, 과하다 / 음 : 다 / 총획 : 6획

부수 : 夕 (저녁 석)

多 多 多 多 多 多

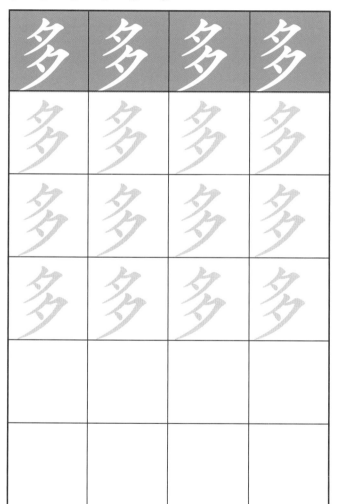

多	多	多	多
多	多	多	多
多	多	多	多
多	多	多	多

■ 다(多)의 낱말 쓰임

다량(多量) : 많은 분량 / 반대말 : 소량(少量)
과다(過多) : 많음의 정도가 지나침. 너무 많음

짧을 '단 (短)'

훈 : 짧다, 모자라다 / 음 : 단 / 총획 : 12획

부수 : 矢 (화살 시)

短 短 短 短 短 短 短 短 短 短

短	短	短	短
短	短	短	短
短	短	短	短
短	短	短	短

■ 단(短)의 낱말 쓰임

단검(短劍) : 양날로 된 짧막한 칼
장단(長短) : 길고 짧음. 장점과 단점. 장단점

집 '당 (堂)'

훈 : 집, 마루 / 음 : 당 / 총획 : 11획

부수 : 土 (흙 토)

堂堂堂堂堂堂堂堂堂堂

대신할 '대 (代)'

훈 : 세대, 대신하다 / 음 : 대 / 총획 : 5획

부수 : 亻 (人-사람 인)

代代代代代

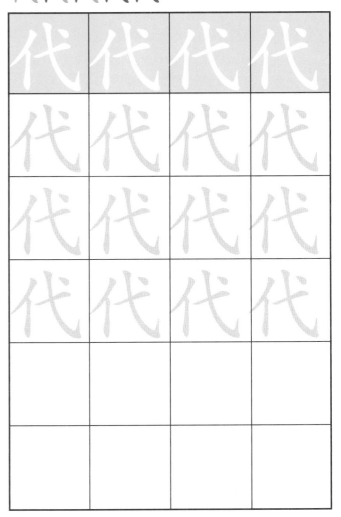

■ 당(堂)의 낱말 쓰임

강당(講堂) : 모임·강의 등을 위해 여러 사람이 들어갈 수 있도록 꾸민 큰 건물

식당(食堂) : 식사하기에 편리하도록 갖추어 놓은 방

■ 대(代)의 낱말 쓰임

대부(代父) : 가톨릭에서 세례를 받을 때 세우는 남자 후견인 / 대모(代母)

역대(歷代) : 차례차례로 전해 내려온 그 여러 대. 또는 그 동안

20

기다릴 '대 (待)'

훈 : 기다리다, 막다 / 음 : 대 / 총획 : 9획
부수 : 彳 (두인 변)

待待待待待待待待待

待	待	待	待
待	待	待	待
待	待	待	待
待	待	待	待

■ 대(待)의 낱말 쓰임

대피(待避) : 위험이나 피해를 당하지 않기 위하여 일시적으로 피함

학대(虐待) : 가혹한 짓으로 남을 괴롭힘. 포악한 대우

대답할 '대 (對)'

훈 : 대답하다, 상대 / 음 : 대 / 총획 : 14획
부수 : 寸 (마디 촌)

對對對對對對對對對對

對	對	對	對
對	對	對	對
對	對	對	對
對	對	對	對

■ 대(對)의 낱말 쓰임

대답(對答) : 묻는 말에 자기의 뜻을 나타냄. 또는 나타내는 그 말

반대(反對) : 사물의 위치 따위가 거꾸로 됨. 어떤 의견이나 제안에 찬성하지 않음

법도 '도 (度)'

훈 : 법도, 헤아리다 / 음 : 도, 탁 / 총획 : 9획

부수 : 广 (엄 호)

度度度度度度度度度

度	度	度	度
度	度	度	度
度	度	度	度
度	度	度	度

■ 도(度)의 낱말 쓰임

도수(度數) : 각도 · 온도 등의 크기나 높낮이 등을 나타내는 수. 어떠한 정도

용도(用度) : 살림이나 일에 나날이 쓰이는 돈이나 물건의 쓰임. 씀씀이

그림 '도 (圖)'

훈 : 그림, 지도 / 음 : 도 / 총획 : 14획

부수 : 口 (큰입 구)

圖圖圖圖圖圖圖圖圖圖

圖	圖	圖	圖
圖	圖	圖	圖
圖	圖	圖	圖

■ 도(圖)의 낱말 쓰임

도표(圖表) : 그림으로 그리어 나타낸 표

지도(地圖) : 지구 표면의 일부나 전부를 일정한 축척에 따라 평면 위에 나타낸 그림

22

읽을 '독/두 (讀)'

훈 : 읽다, 구두 / 음 : 독, 두 / 총획 : 22획

부수 : 言 (말씀 언)

讀讀讀讀讀讀讀讀讀讀

讀	讀	讀	讀
讀	讀	讀	讀
讀	讀	讀	讀
讀	讀	讀	讀

아이 '동 (童)'

훈 : 아이 / 음 : 동 / 총획 : 12획

부수 : 立 (설 립)

童童童童童童童童童童

童	童	童	童
童	童	童	童
童	童	童	童
童	童	童	童

■ 독/두(讀)의 낱말 쓰임

독서(讀書) : 책을 읽음
낭독(朗讀) : 소리를 내어 읽음

■ 동(童)의 낱말 쓰임

동화(童話) : 아동 문학의 한 부문
옥동자(玉童子) : 옥같이 예쁜 어린 아들. 몹시
소중한 아들

머리 '두 (頭)'

頭

훈 : 머리, 우두머리 / 음 : 두 / 총획 : 16획

부수 : 頁 (머리 혈)

頭頭頭頭頭頭頭頭頭頭

頭	頭	頭	頭
頭	頭	頭	頭
頭	頭	頭	頭
頭	頭	頭	頭

무리 '등 (等)'

等

훈 : 무리, 같다 / 음 : 등 / 총획 : 12획

부수 : 竹 (대나무 죽)

等等等等等等等等等等

等	等	等	等
等	等	等	等
等	等	等	等

■ 두(頭)의 낱말 쓰임

두목(頭目) : 주로, 좋지 못한 무리의 우두머리를 일컫는 말

선두(先頭) : 첫머리. 앞머리

■ 등(等)의 낱말 쓰임

등급(等級) : 값·품질·신분 등의 높고 낮음. 좋고 나쁨의 차이를 나눈 급수

평등(平等) : 치우침이 없이 모두가 한결같음. 차별이 없이 동등함

즐거울 '락/악/요 (樂)'

훈 : 즐겁다, 좋아하다 / 음 : 락, 악, 요 / 총획 : 15획
부수 : 木 (나무 목)

樂樂樂樂樂樂樂樂樂樂

樂	樂	樂	樂
樂	樂	樂	樂
樂	樂	樂	樂
樂	樂	樂	樂

■ 락/악/요(樂)의 낱말 쓰임

악기(樂器) : 음악을 연주하는 데 쓰이는 기구를 통틀어 이르는 말

오락(娛樂) : 피로나 긴장을 풀기 위하여 놀이 · 노래 · 춤 따위로 즐겁게 노는 일

예절 '례/예 (禮)'

훈 : 예절, 예의 / 음 : 례, 예 / 총획 : 18획
부수 : 示 (보일 시)

禮禮禮禮禮禮禮禮禮禮

禮	禮	禮	禮
禮	禮	禮	禮
禮	禮	禮	禮
禮	禮	禮	禮

■ 례/예(禮)의 낱말 쓰임

예절(禮節) : 예의와 절도. 예의범절. 예도

경례(敬禮) : 공경의 뜻을 나타내는 일, 또는 그 동작

법식 '례/예 (例)'

훈 : 법식, 보기 / 음 : 례, 예 / 총획 : 8획

부수 : 亻(사람인변)

例例例例例例例例

例	例	例	例
例	例	例	例
例	例	例	例

■ 례/예(例)의 낱말 쓰임

예제(例題) : 연습을 위해 보기로 들어 주는 문제
차례(次例) : 둘 이상의 것을 일정하게 하나씩
　　　　　　　벌여 나가는 순서

길 '로/노 (路)'

훈 : 길, 크다 / 음 : 로, 노 / 총획 : 13획

부수 : 足 (발 족)

路路路路路路路路路路

路	路	路	路
路	路	路	路
路	路	路	路

■ 로/노(路)의 낱말 쓰임

노선(路線) : 버스·기차·항공기 따위가 정해
　　　　　　　놓고 다니도록 되어 있는 길
미로(迷路) : 한번 들어가면 드나드는 곳의 방
　　　　　　　향을 알 수 없게 된 길

초록빛 '록/녹 (綠)'

훈 : 푸르다, 초록빛	음 : 록, 녹	총획 : 14획
부수 : 糸 (실 사)		

綠綠綠綠綠綠綠綠綠綠

綠	綠	綠	綠
綠	綠	綠	綠
綠	綠	綠	綠
綠	綠	綠	綠

다스릴 '리/이 (理)'

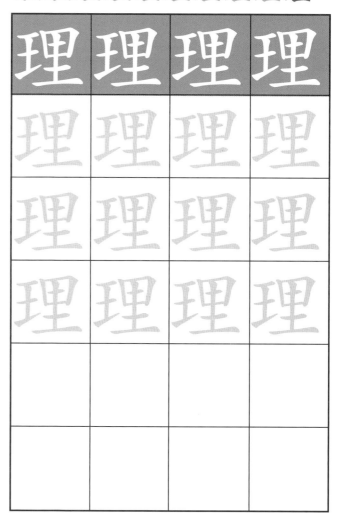

훈 : 다스리다, 이치	음 : 리, 이	총획 : 11획
부수 : 玉 (구슬 옥)		

理理理理理理理理理理

理	理	理	理
理	理	理	理
理	理	理	理
理	理	理	理

■ 록/녹(綠)의 낱말 쓰임

녹차(綠茶) : 푸른 빛이 나도록 말린 부드런운 찻잎, 또는 그것을 우린 물

초록(草綠) : 푸른 빛깔과 누른 빛깔의 중간 색. 초록빛. 초록색

■ 리/이(理)의 낱말 쓰임

이론(理論) : 사물이나 현상을 원리와 법칙에 따라 설명할 수 있는 보편적인 지식 체계

요리(料理) : 음식을 만드는 일, 또는 그 음식

이로울 '리/이 (利)'

훈 : 이롭다, 이자 / 음 : 리, 이 / 총획 : 7획

부수 : 刂 (선칼도방 = 刀 : 칼 도)

利利利利利利利

利	利	利	利
利	利	利	利
利	利	利	利
利	利	利	利

■ 리/이(利)의 낱말 쓰임

편리(便利) : 편하고 이로우며 이용하기 쉬움
/ 반대말 : 불편(不便)

이자(利子) : 남에게서 돈을 빌어 쓴 대가로 치르는, 일정한 비율의 돈

오얏 '리/이 (李)'

훈 : 오얏나무, 행장 / 음 : 리, 이 / 총획 : 7획

부수 : 木 (나무 목)

李李李李李李李

李	李	李	李
李	李	李	李
李	李	李	李
李	李	李	李

■ 리/이(李)의 낱말 쓰임

장삼이사(張三李四) : 장씨의 셋째 아들과 이씨의 넷째 아들이라는 말로, 보통 평범한 사람들을 일컫는 말

밝을 '명 (明)'

明

훈 : 밝다, 밝히다 / 음 : 명 / 총획 : 8획

부수 : 日 (날 일)

明明明明明明明明

明	明	明	明
明	明	明	明
明	明	明	明
明	明	明	明

눈 '목 (目)'

目

훈 : 눈, 보다 / 음 : 목 / 총획 : 5획

부수 : 目 (제 부수)

目 目 目 目 目

目	目	目	目
目	目	目	目
目	目	目	目
目	目	目	目

■ 명(明)의 낱말 쓰임

명당(明堂) : 풍수지리에서 이르는 좋은 묏자리
나 집터

변명(辯明) : 잘못에 대하여 구구한 구실로 그
이유를 밝힘

■ 목(目)의 낱말 쓰임

목차(目次) : 목록 · 항목 · 제목의 차례

제목(題目) : 책이나 문학 작품 등에서 그것의
내용을 보이거나 대표하는 이름

들을 '문 (聞)'

훈 : 듣다, 들리다 / **음** : 문 / **총획** : 14획

부수 : 耳 (귀 이)

聞聞聞聞聞聞聞聞聞聞

聞	聞	聞	聞
聞	聞	聞	聞
聞	聞	聞	聞
聞	聞	聞	聞

■ 문(聞)의 낱말 쓰임

신문(新聞) : 사회에서 일어난 사건이나 화제를 보도 · 해설 · 비평하는 정기 간행물

견문(見聞) : 보고 들음. 보고 들어서 얻은 지식

아름다울 '미 (美)'

훈 : 아름답다, 맛나다 / **음** : 미 / **총획** : 9획

부수 : 羊 (양 양)

美美美美美美美美美

美	美	美	美
美	美	美	美
美	美	美	美
美	美	美	美

■ 미(美)의 낱말 쓰임

미인(美人) : 얼굴과 마음씨가 아름다운 여자. 재주가 많은 사람

미식가(美食家) : 맛있는 음식만 가려 먹는 취미를 가진 사람

쌀 '미 (米)'

훈 : 쌀, 낟알 / 음 : 미 / 총획 : 6획

부수 : 米 (제 부수)

米米米米米米

순박할 '박 (朴)'

훈 : 순박하다, 후박나무 / 음 : 박 / 총획 : 6획

부수 : 木 (나무 목)

朴朴朴朴朴朴

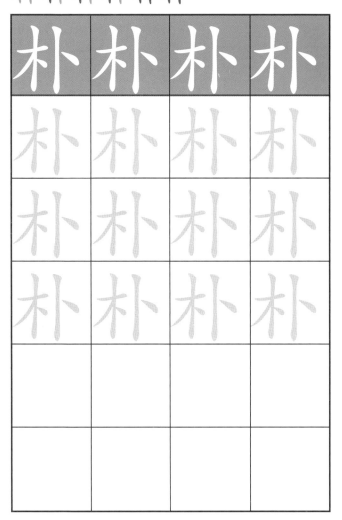

■ 미(米)의 낱말 쓰임

미음(微音) : 쌀이나 곡물에 물을 넉넉하게 붓고 푹 끓여 체에 걸러낸 걸쭉한 음식

현미(玄米) : 벼의 껍질만 벗긴 쓿지 않은 쌀

■ 박(朴)의 낱말 쓰임

박씨(朴氏) : 우리 나라 성씨 중의 하나

소박(素朴) : 거짓이나 꾸밈이 없이 순수하고 자연스러움

31

되돌릴 '반(反)'

훈 : 되돌리다, 엎다 / 음 : 반 / 총획 : 4획

부수 : 又 (또 우)

反反反反

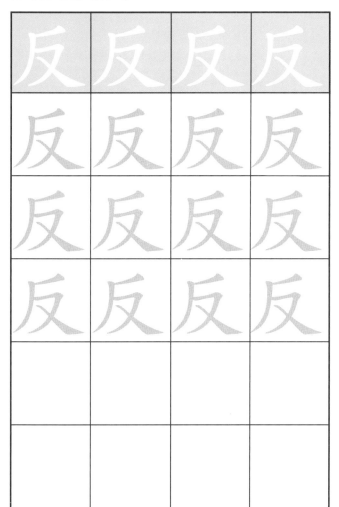

반 '반(半)'

훈 : 반, 조각 / 음 : 반 / 총획 : 5획

부수 : 十 (열 십)

半半半半半

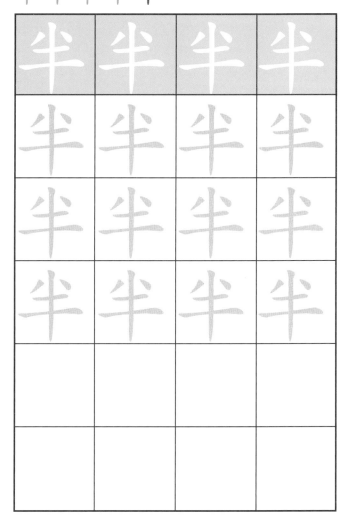

■ 반(反)의 낱말 쓰임

반대(反對) : 두 사물이 서로 틀어져 등지게 되는 상태. 견해나 행동에 맞서 거스름

배반(背反) : 남의 믿음과 의리를 저버리고 돌아섬. 등지고 나섬

■ 반(半)의 낱말 쓰임

반도(半島) : 세 면이 바다에 싸이고 한 면은 육지에 연한 땅(우리 나라)

전반(前半) : 절반으로 나눈 것의 앞 부분

나눌 '반 (班)'

훈 : 나누다, 줄 / 음 : 반 / 총획 : 10획

부수 : 玉 (구슬 옥)

班班班班班班班班班班

班	班	班	班
班	班	班	班
班	班	班	班
班	班	班	班

필 '발 (發)'

훈 : 피다, 쏘다 / 음 : 발 / 총획 : 12획

부수 : 癶(필 발머리)

發發發發發發發發發發

發	發	發	發
發	發	發	發
發	發	發	發
發	發	發	發

■ 반(班)의 낱말 쓰임

반장(班長) : '반' 이라는 이름을 붙인 집단의 통
솔자 또는 책임자

양반(兩班) : 옛날에 지체나 신분이 높은 상류
계급 사람.

■ 발(發)의 낱말 쓰임

발명(發明) : 그때까지 없던 기술이나 물건 따위
를 새로 생각해 내거나 만들어냄

출발(出發) : 목적지를 향해 나아감. 일을 시작
함, 또는 일의 시작

놓을 '방 (放)'

放

훈 : 놓다, 본받다 / 음 : 방 / 총획 : 8획

부수 : 攵 (등글월 문)

放放放放放放放放

放	放	放	放
放	放	放	放
放	放	放	放
放	放	放	放

■ 방(放)의 낱말 쓰임

방학(放學) : 더위와 추위를 피하여 수업을 일정한 기간 동안 쉬는 일. 또는 그 동안

추방(追放) : 쫓아냄

차례 '번 (番)'

番

훈 : 차례, 날래다 / 음 : 번, 파 / 총획 : 12획

부수 : 田 (밭 전)

番番番番番番番番番番

番	番	番	番
番	番	番	番
番	番	番	番
番	番	番	番

■ 번(番)의 낱말 쓰임

번지(番地) : 토지를 조각조각 나누어서 매겨 놓은 땅의 번호

주번(週番) : 한 주일마다 차례로 바꾸어서 하는 근무, 또는 근무를 하는 사람

다를 '별 (別)'

別

훈 : 다르다, 나누다 / 음 : 별 / 총획 : 7획

부수 : 刂(선칼도방 = 刀:칼 도)

別別別別別別別

別	別	別	別
別	別	別	別
別	別	別	別
別	別	別	別

■ 별(別)의 낱말 쓰임

별명(別名) : 본 이름 외에 그 사람의 특징을 따서 지어 부르는 이름

작별(作別) : 서로 인사를 나누고 헤어짐. 또는 그러한 인사

병들 '병 (病)'

病

훈 : 병들다, 앓다 / 음 : 병 / 총획 : 10획

부수 : 疒 (병질 엄)

病病病病病病病病病病

病	病	病	病
病	病	病	病
病	病	病	病
病	病	病	病

■ 병(病)의 낱말 쓰임

병원(病院) : 병든 사람이나 부상자를 진찰하고 치료하는 곳

중병(重病) : 목숨이 위태로울 만큼 크게 앓는 병. 중태에 빠진 병

근본 '본 (本)'

本

훈 : 근본, 바탕 / **음** : 본 / **총획** : 5획

부수 : 木 (나무 목)

本本本本本

本	本	本	本
本	本	本	本
本	本	本	本
本	本	本	本

■ 본(本)의 낱말 쓰임

본명(本名) : 본 이름. 거짓이 아닌 진짜 이름
/ 반대말 : 별명(別名)
극본(劇本) : 연극이나 방송 등의 대본. 각본.
시나리오

옷 '복 (服)'

服

훈 : 옷, 입다 / **음** : 복 / **총획** : 8획

부수 : 月 (달 월)

服服服服服服服服

服	服	服	服
服	服	服	服
服	服	服	服

■ 복(服)의 낱말 쓰임

한복(韓服) : 한국 고유의 전통 옷
교복(校服) : 학생들이 입는 제복

떼 '부 (部)'

훈 : 떼, 나누다 / 음 : 부 / 총획 : 11획

부수 : 阝 (우부방)

部部部部部部部部部部部

部	部	部	部
部	部	部	部
部	部	部	部
部	部	部	部

나눌 '분 (分)'

훈 : 나누다, 분수 / 음 : 분 / 총획 : 4획

부수 : 刀 (칼 도)

分分分分

分	分	分	分
分	分	分	分
分	分	分	分
分	分	分	分

■ 부(部)의 낱말 쓰임

부족(部族) : 지역적 생활 공동체로 공통된 언어·종교·생활 양식 등을 가진 원시 민족

환부(患部) : 병이나 상처가 난 곳

■ 분(分)의 낱말 쓰임

분교(分校) : 본교 소재지 이외의 지역에 따로 시설한 학교

부분(部分) : 전체 및 개로 나눈 것의 하나하나. 사물 중에서의 한쪽

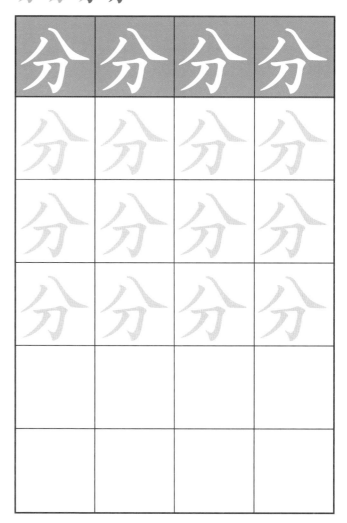

모일 '사 (社)'

훈 : 모이다, 땅귀신 / 음 : 사 / 총획 : 8획

부수 : 示 (보일 시)

社社社社社社社社

社	社	社	社
社	社	社	社
社	社	社	社
社	社	社	社

■ 사(社)의 낱말 쓰임

사장(社長) : 회사의 책임자

회사(會社) : 상행위 또는 영리 행위를 목적으로 상법에 따라 설립된 사단 법인

죽을 '사 (死)'

死

훈 : 죽다, 끊다 / 음 : 사 / 총획 : 6획

부수 : 歹 (죽을 사 변)

死死死死死死

死	死	死	死
死	死	死	死
死	死	死	死
死	死	死	死

■ 사(死)의 낱말 쓰임

사약(死藥) : 먹으면 죽는 약

사색(死色) : 죽은 사람과 같은 창백한 얼굴빛

부릴 '사(使)'

使

훈 : 부리다, 하여금 / 음 : 사 / 총획 : 8획

부수 : 亻(사람인 변)

使使使使使使使使

使	使	使	使
使	使	使	使
使	使	使	使
使	使	使	使

■ 사(使)의 낱말 쓰임

사용(使用) : 사람이나 물건 등을 쓰거나 부림

천사(天使) : 신과 인간의 중개 역할을 하는 존재를 이르는 말

글 '서(書)'

書

훈 : 글, 책 / 음 : 서 / 총획 : 10획

부수 : 曰 (가로 왈)

書書書書書書書書書書

書	書	書	書
書	書	書	書
書	書	書	書
書	書	書	書

■ 서(書)의 낱말 쓰임

서당(書堂) : 옛날 민간에서 학문을 사사로이 가르치던 곳. 글방

서가(書架) : 책을 얹어 두는 시렁. 여러 단으로 된 책꽂이

돌 '석(石)'

훈 : 돌, 단단하다 / 음 : 석 / 총획 : 5획

부수 : 石 (제 부수)

石石石石石

石	石	石	石
石	石	石	石
石	石	石	石
石	石	石	石

■ 석(石)의 낱말 쓰임

석탑(石塔) : 돌로 쌓은 탑. 돌탑

화석(化石) : 지질 시대에 살던 동식물의 유해 및 유물이 퇴적된 암석 속에 남아 있는 것

자리 '석(席)'

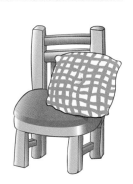

훈 : 자리, 깔다 / 음 : 석 / 총획 : 10획

부수 : 巾 (수건 건)

席席席席席席席席席席

席	席	席	席
席	席	席	席
席	席	席	席
席	席	席	席

■ 석(席)의 낱말 쓰임

석차(席次) : 자리의 차례. 성적의 차례

방석(方席) : 앉을 때에 깔고 앉는 작은 자리

줄 '선 (線)'

훈 : 줄, 실, 선 / 음 : 선 / 총획 : 15획

부수 : 糸(실 사)

線線線線線線線線線線

線	線	線	線
線	線	線	線
線	線	線	線
線	線	線	線

■ 선(線)의 낱말 쓰임

선로(線路) : 기차나 전차의 바퀴가 굴러가는
길. 궤도

차선(車線) : 자동차 노로에서 차량의 주행 질
서를 위해 그어 놓은 선

눈 '설 (雪)'

훈 : 눈, 씻다 / 음 : 설 / 총획 : 11획

부수 : 雨 (비 우)

雪雪雪雪雪雪雪雪雪雪

雪	雪	雪	雪
雪	雪	雪	雪
雪	雪	雪	雪
雪	雪	雪	雪

■ 설(雪)의 낱말 쓰임

설경(雪景) : 눈 경치. 눈이 내리는 경치. 눈이
쌓인 경치

백설(白雪) : 하얀 눈

이룰 '성 (成)'

훈 : 이루다, 되다 / 음 : 성 / 총획 : 7획

부수 : 戈 (창 과)

成成成成成成成

■ 성(成)의 낱말 쓰임

성취(成就) : 목적대로 일을 이룸

찬성(贊成) : 도와서 성취시킴. 제안된 문제의
성립을 옳다고 동의 함

살필 '성 (省)'

훈 : 살피다, 덜다 / 음 : 성 / 총획 : 9획

부수 : 目 (눈 목)

省省省省省省省省省

■ 성(省)의 낱말 쓰임

성묘(省墓) : 조상의 산소에 가서 인사를 드리
고 산소를 살피는 일

반성(反省) : 자기의 언행·생각 등의 옳고 그름을
깨닫기 위해 스스로를 돌이켜 살핌

사라질 '소 (消)'

훈 : 꺼지다, 사라지다 / 음 : 소 / 총획 : 10획

부수 : 氵(삼수 변)

消消消消消消消消消消

消	消	消	消
消	消	消	消
消	消	消	消
消	消	消	消

■ 소(消)의 낱말 쓰임

소독(消毒) : 약물이나 열 등으로 병원균을 죽이거나 힘을 못 쓰게 하는 일

취소(取消) : 기록하였거나 말한 것을 지우거나 물러서 없앰

빠를 '속 (速)'

훈 : 빠르다, 부르다 / 음 : 속 / 총획 : 11획

부수 : 辶(책받침)

速速速速速速速速速速

速	速	速	速
速	速	速	速
速	速	速	速
速	速	速	速

■ 속(速)의 낱말 쓰임

속도(速度) : 빠르기. 물리에서 움직이는 물체가 단위 시간에 이동한 거리

풍속(風速) : 바람의 속도

■ 계절(季節)에 관한 한자

春	夏	秋	冬
봄 춘	여름 하	가을 추	겨울 동

■ 감정(感情)에 관한 한자

喜	怒	哀	樂
기쁠 희	노할 노	슬플 애	즐거울 락

■ 서로 반대의 뜻을 가진 반대어 한자

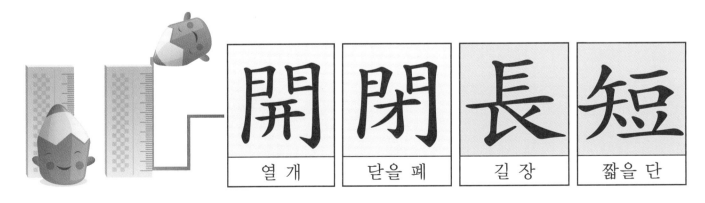

開	閉	長	短
열 개	닫을 폐	길 장	짧을 단

生活漢字 – 부수가 같은 한자

■ 나무 목(木)이 부수인 한자들

根	樂	樹	果
뿌리 근	즐거울 락	나무 수	열매 과

■ 마음 심(心)이 부수인 한자들

愛	感	意	急
사랑 애	느낄 감	뜻 의	급할 급

■ 사람 인 변(亻)이 부수인 한자들

信	作	休	使
믿을 신	지을 작	쉴 휴	부릴 사

손자 '손 (孫)'

孫

훈 : 손자, 달아나다 / 음 : 손 / 총획 : 10획

부수 : 子 (아들 자)

孫孫孫孫孫孫孫孫孫孫

孫	孫	孫	孫
孫	孫	孫	孫
孫	孫	孫	孫
孫	孫	孫	孫

■ 손(孫)의 낱말 쓰임

손자(孫子) : 아들 또는 딸의 아들

자손(子孫) : 자식과 손자. 아들 · 손자 · 증손 · 현손 및 후손을 통틀어 이르는 말

나무 '수 (樹)'

樹

훈 : 나무, 심다 / 음 : 수 / 총획 : 16획

부수 : 木 (나무 목)

樹樹樹樹樹樹樹樹樹樹

樹	樹	樹	樹
樹	樹	樹	樹
樹	樹	樹	樹
樹	樹	樹	樹

■ 수(樹)의 낱말 쓰임

수림(樹林) : 나무가 우거진 숲

식수(植樹) : 나무를 심음, 또는 그 나무. 식목

재주 '술 (術)'

훈 : 재주, 꾀 / 음 : 술 / 총획 : 11획

부수 : 行 (다닐 행)

術術術術術術術術術術術

術	術	術	術
術	術	術	術
術	術	術	術
術	術	術	術

■ 술(術)의 낱말 쓰임

미술(美術) : 공간 및 시각의 미를 표현하는 예술

요술(妖術) : 사람의 눈을 어리게 하는 괴상한 술법. 또는 그렇게 하는 일

익힐 '습 (習)'

훈 : 익히다, 버릇 / 음 : 습 / 총획 : 11획

부수 : 羽 (깃 우)

習習習習習習習習習習習

習	習	習	習
習	習	習	習
習	習	習	習
習	習	習	習

■ 습(習)의 낱말 쓰임

습관(習慣) : 여러 번 거듭하는 사이에 몸에 배어 굳어 버린 성질이나 버릇

자습(自習) : 가르치는 이 없이 혼자서 공부하여 익힘

47

이길 '승 (勝)'

勝

훈 : 이기다, 낫다 / 음 : 승 / 총획 : 12획

부수 : 力 (힘 력)

勝勝勝勝勝勝勝勝勝勝

勝	勝	勝	勝
勝	勝	勝	勝
勝	勝	勝	勝
勝	勝	勝	勝

비로소 '시 (始)'

始

훈 : 처음, 비로소 / 음 : 시 / 총획 : 8획

부수 : 女 (계집 녀)

始始始始始始始始

始	始	始	始
始	始	始	始
始	始	始	始
始	始	始	始

■ 승(勝)의 낱말 쓰임

승리(勝利) : 겨루거나 싸워서 이김
/ 반대말 : 패배(敗北)

필승(必勝) : 반드시 이김

■ 시(始)의 낱말 쓰임

시동(始動) : 발동기나 전동 장치 등 기계의 발
동을 처음으로 걸어나 돌림

개시(開始) : 어떤 행동이나 사업을 비로소 시
작함. 처음으로 시작함

법 '식 (式)'

훈 : 법, 의식 / 음 : 식 / 총획 : 6획

부수 : 弋 (주살 익)

式式式式式式

式	式	式	式
式	式	式	式
式	式	式	式
式	式	式	式

믿을 '신 (信)'

훈 : 믿다, 참되다 / 음 : 신 / 총획 : 9획

부수 : 亻 (사람인 변)

信信信信信信信信信

信	信	信	信
信	信	信	信
信	信	信	信
信	信	信	信

■ 식(式)의 낱말 쓰임

식장(式場) : 식을 거행하는 장소
한식(韓式) : 한국식. 한국의 양식

■ 신(信)의 낱말 쓰임

신앙(信仰) : 종교 생활의 의식적인 측면. 믿고
받드는 일
서신(書信) : 상대방에게 자기의 의사를 전하기
위한 문서. 편지

몸 '신 (身)'

훈 : 몸, 아이 배다 / 음 : 신 / 총획 : 7획

부수 : 身 (제 부수)

身身身身身身身

■ 신(身)의 낱말 쓰임

신체(身體) : 사람의 몸
전신(全身) : 온몸. 몸 전체

귀신 '신 (神)'

훈 : 귀신, 하느님 / 음 : 신 / 총획 : 10획

부수 : 示 (보일 시)

神神神神神神神神神神

■ 神(神)의 낱말 쓰임

신선(神仙) : 선도를 닦아 신통력을 얻은 사람
귀신(鬼神) : 사람의 죽은 넋. 어떤 일에 유난히
　　　　　　　뛰어난 재주가 있음

새 '신 (新)'

훈 : 새로운 / 음 : 신 / 총획 : 13획

부수 : 斤 (도끼 근)

新新新新新新新新新新

新	新	新	新
新	新	新	新
新	新	新	新
新	新	新	新

■ 신(新)의 낱말 쓰임

신간(新刊) : 출판물을 새로 인쇄하여 내놓음. 책을 새로 냄

신곡(新曲) : 새로 지은 음악의 곡

잃을 '실 (失)'

훈 : 잃다, 놓다 / 음 : 실, 일 / 총획 : 5획

부수 : 大 (큰 대)

失失失失失

失	失	失	失
失	失	失	失
失	失	失	失
失	失	失	失

■ 실(失)의 낱말 쓰임

실수(失手) : 부주의로 잘못을 저지름, 또는 그 잘못

손실(損失) : 축나거나 잃어버리거나 하여 손해를 봄, 또는 그 손해

사랑 '애 (愛)'

훈 : 사랑, 아끼다 / 음 : 애 / 총획 : 13획

부수 : 心 (마음 심)

愛愛愛愛愛愛愛愛愛愛

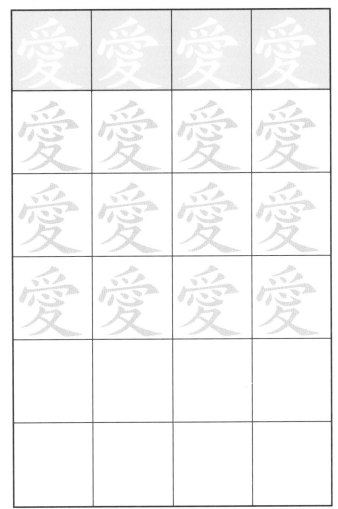

밤 '야 (夜)'

훈 : 밤, 어둡다 / 음 : 야 / 총획 : 8획

부수 : 夕 (저녁 석)

夜夜夜夜夜夜夜夜

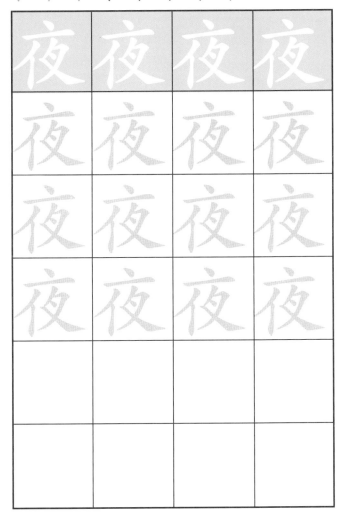

■ 애(愛)의 낱말 쓰임

애견(愛犬) : 개를 사랑함. 귀여워하며 기르는 개

우애(友愛) : 형제간이나 친구 사이의 두터운 정과 사랑

■ 야(夜)의 낱말 쓰임

야광(夜光) : 밤 또는 어두운 곳에서 빛을 냄, 또는 그 빛. '달'을 달리 이르는 말

심야(深夜) : 깊은 밤

들 '야 (野)'

| 훈 : 들, 백성 / 음 : 야 / 총획 : 11획 |
| 부수 : 里 (마을 리) |

野野野野野野野野野野

野	野	野	野
野	野	野	野
野	野	野	野
野	野	野	野

■ 야(野)의 낱말 쓰임

야생(野生) : 동식물이 산이나 들에서 절로 나
고 자람, 또는 그런 동식물

평야(平野) : 넓게 펼쳐진 들

약할 '약 (弱)'

| 훈 : 약하다, 어리다 / 음 : 약 / 총획 : 10획 |
| 부수 : 弓 (활 궁) |

弱弱弱弱弱弱弱弱弱弱

弱	弱	弱	弱
弱	弱	弱	弱
弱	弱	弱	弱
弱	弱	弱	弱

■ 약(弱)의 낱말 쓰임

약골(弱骨) : 몸이 약한 사람. 약한 몸
허약(虛弱) : 몸이나 세력 따위가 약함

약 '약 (藥)'

훈 : 약 / 음 : 약 / 총획 : 19획

부수 : 艹 (초두밑 = 艸:풀 초)

藥藥藥藥藥藥藥藥藥藥

藥	藥	藥	藥
藥	藥	藥	藥
藥	藥	藥	藥
藥	藥	藥	藥

■ 약(藥)의 낱말 쓰임

약국(藥局) : 한약국과 양약국과 통틀어 이르는 말. 약을 지어 주는 곳

치약(齒藥) : 이를 닦는 데 쓰는 약품

볕 '양 (陽)'

훈 : 볕, 환하다 / 음 : 양 / 총획 : 12획

부수 : 阝 (좌부변)

陽陽陽陽陽陽陽陽陽陽

陽	陽	陽	陽
陽	陽	陽	陽
陽	陽	陽	陽
陽	陽	陽	陽

■ 양(陽)의 낱말 쓰임

양각(陽刻) : 글자나 그림 따위를 도드라지게 새김 / 반대말 : 음각(陰刻)

석양(夕陽) : 저녁 해. 낙양(洛陽)

훈 : 큰 바다, 서양 / 음 : 양 / 총획 : 9획

부수 : 氵(삼수변)

洋洋洋洋洋洋洋洋洋

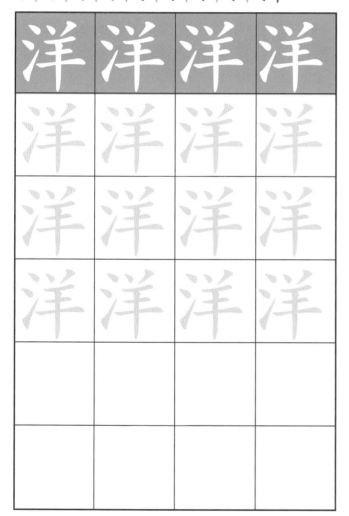

洋	洋	洋	洋
洋	洋	洋	洋
洋	洋	洋	洋
洋	洋	洋	洋

훈 : 말씀, 말 / 음 : 언 / 총획 : 7획

부수 : 言 (제 부수)

言言言言言言言

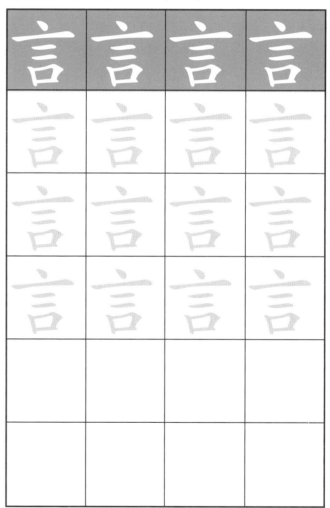

言	言	言	言
言	言	言	言
言	言	言	言
言	言	言	言

■ 양(洋)의 낱말 쓰임

양복(洋服) : 서양식의 옷. 흔히 '양장' 에 대하
여, 남자의 옷을 일컬음

대양(大洋) : 아주 넓고 큰 바다

■ 언(言)의 낱말 쓰임

언어(言語) : 생각이나 느낌을 음성으로 전달하
는 수단과 체계. 말

조언(助言) : 곁에서 말을 거들거나 일깨워 줌,
또는 그 말. 도움말

55

업 '업 (業)'

훈 : 업, 일 / 음 : 업 / 총획 : 13획

부수 : 木 (나무 목)

業業業業業業業業業業

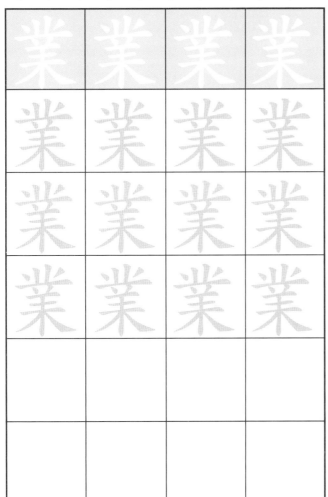

길 '영 (永)'

 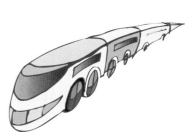

훈 : 길다, 멀다 / 음 : 영 / 총획 : 5획

부수 : 水 (물 수)

永永永永永

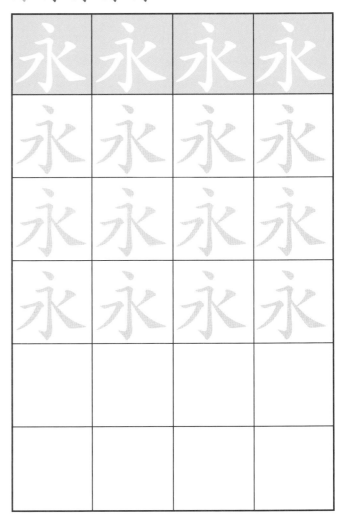

■ 업(業)의 낱말 쓰임

업적(業績) : 어떤 사업이나 연구 따위에서 이룩해 놓은 성과

학업(學業) : 학교의 공부. 학문을 닦는 일

■ 영(永)의 낱말 쓰임

영구치(永久齒) : 젖니가 빠진 후에 나는 이와 뒤 어금니를 합하여 일컫는 말

영원(永遠) : 길고 오랜 세월. 어떤 상태가 끝없이 이어짐

꽃부리 '영 (英)'

| 훈 : 꽃부리, 영웅 / 음 : 영 / 총획 : 9획 |
| 부수 : ⺾ (초두밑 = 艸:풀 초) |

英英英英英英英英英

英	英	英	英
英	英	英	英
英	英	英	英
英	英	英	英

■ 영(英)의 낱말 쓰임

영어(英語) : 영국을 비롯한 미국·캐나다·오스트레일리아 등의 공용어

영웅(英雄) : 재치와 담력과 무용이 특별히 뛰어난 인물

따뜻할 '온 (溫)'

| 훈 : 따뜻하다, 부드럽다 / 음 : 온 / 총획 : 13획 |
| 부수 : 氵(삼수변) |

溫溫溫溫溫溫溫溫溫溫

溫	溫	溫	溫
溫	溫	溫	溫
溫	溫	溫	溫
溫	溫	溫	溫

■ 온(溫)의 낱말 쓰임

온실(溫室) : 동식물을 키우기 위해 알맞은 온도와 습도를 유지할 수 있게 만든 건물

보온(保溫) : 온도를 일정하게 유지함. 따뜻한 기운을 잘 유지함

쓸 '용 (用)'

用

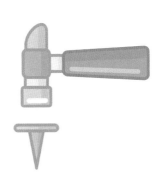

훈 : 쓰다, 베풀다 / 음 : 용 / 총획 : 5획

부수 : 用 (제 부수)

用用用用用

用	用	用	用
用	用	用	用
用	用	用	用
用	用	用	用

■ 용(用)의 낱말 쓰임

용기(用器) : 어떤 일을 하는 데 쓰는 기구

활용(活用) : 그것이 지닌 능력이나 기능을 잘
살려 씀. 잘 변통하여 씀

용감할 '용 (勇)'

勇

훈 : 용기, 날째다 / 음 : 용 / 총획 : 9획

부수 : 力 (힘 력)

勇勇勇勇勇勇勇勇勇

勇	勇	勇	勇
勇	勇	勇	勇
勇	勇	勇	勇
勇	勇	勇	勇

■ 용(勇)의 낱말 쓰임

용기(勇氣) : 씩씩하고 굳센 기운

만용(蠻勇) : 옳고 그름의 분별이 없이 함부로
날뛰는 용맹

움직일 '운 (運)'

훈 : 움직이다, 옮기다 / 음 : 운 / 총획 : 13획

부수 : 辶 (책받침)

運運運運運運運運運運

運	運	運	運
運	運	運	運
運	運	運	運
運	運	運	運

동산 '원 (園)'

훈 : 동산, 뜰 / 음 : 원 / 총획 : 13획

부수 : 口 (큰입구 몸)

園園園園園園園園園園

園	園	園	園
園	園	園	園
園	園	園	園
園	園	園	園

■ 운(運)의 낱말 쓰임

운전(運轉) : 기계나 자동차 따위를 움직여 부림
행운(幸運) : 좋은 운수. 행복한 운수

■ 원(園)의 낱말 쓰임

원아(園兒) : 유치원에 다니는 아이
화원(花園) : 꽃을 심은 동산. 꽃밭

멀 '원 (遠)'

훈 : 멀다, 심오하다 / 음 : 원 / 총획 : 14획

부수 : 辶 (책받침)

遠遠遠遠遠遠遠遠遠遠

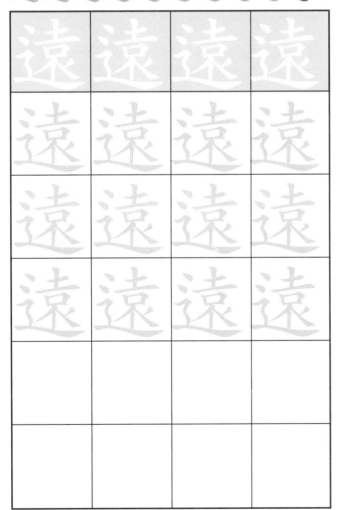

말미암을 '유 (由)'

훈 : 말미암다, 까닭 / 음 : 유 / 총획 : 5획

부수 : 田 (밭 전)

由由由由由

■ 원(遠)의 낱말 쓰임

원정(遠征) : 멀리 적을 치러 감. 먼 곳으로 경기나 조사·탐사를 하러 감

원시(遠視) : 먼 곳을 바람 봄. 가까운 것이 보이지 않는 시력의 상태

■ 유(由)의 낱말 쓰임

유래(由來) : 사물이 어디에서 연유하여 옴, 또는 그 내력

이유(理由) : 까닭. 사유

기름 '유 (油)'

훈 : 기름, 공손하다	음 : 유	총획 : 8획

부수 : 氵(삼수변)

油油油油油油油油

油	油	油	油
油	油	油	油
油	油	油	油
油	油	油	油

■ 유(油)의 낱말 쓰임

유전(油田) : 석유가 나는 곳. 석유가 땅 속에 묻혀 있는 지역

석유(石油) : 천연으로 지하에서 솟아나는 탄화 수소류의 혼합물

은 '은 (銀)'

훈 : 은, 돈	음 : 은	총획 : 14획

부수 : 金 (쇠 금)

銀銀銀銀銀銀銀銀銀銀

銀	銀	銀	銀
銀	銀	銀	銀
銀	銀	銀	銀
銀	銀	銀	銀

■ 은(銀)의 낱말 쓰임

은행(銀行) : 예금을 맡고 다른 데 대부하는 일, 증권을 발행·관리하는 일을 하는 곳

수은(水銀) : 상온에서 유일하게 액체 상태로 있는 유일한 금속 원소

소리 '음 (音)'

音

훈 : 소리, 말소리 / 음 : 음 / 총획 : 9획

부수 : 音 (제 부수)

音音音音音音音音音

音	音	音	音
音	音	音	音
音	音	音	音
音	音	音	音

■ 음(音)의 낱말 쓰임

음악(音樂) : 인간의 사상이나 감정을 음을 소
재로 하여 나타내는 예술

화음(和音) : 높낮이가 다른 둘 이상의 음이 동
시에 울렸을 때의 합성된 음

마실 '음 (飮)'

飮

훈 : 마시다, 물먹다 / 음 : 음 / 총획 : 13획

부수 : 𩙿 (食-밥 식)

飮飮飮飮飮飮飮飮飮飮

飮	飮	飮	飮
飮	飮	飮	飮
飮	飮	飮	飮
飮	飮	飮	飮

■ 음(飮)의 낱말 쓰임

음식(飮食) : 사람이 먹고 마시는 것. 음식물
시음(試飮) : 술이나 음료수 따위를 맛보기 위
하여 시험삼아 마셔 봄

뜻 '의 (意)'

훈 : 뜻, 의미 / 음 : 의 / 총획 : 13획

부수 : 心 (마음 심)

意意意意意意意意意意

意	意	意	意
意	意	意	意
意	意	意	意
意	意	意	意

■ 의(意)의 낱말 쓰임

의견(意見) : 어떤 일에 대해 느낀 생각

주의(注意) : 마음에 새겨 조심함

의원 '의 (醫)'

훈 : 의원, 병을 고치다 / 음 : 의 / 총획 : 18획

부수 : 酉 (닭 유)

醫醫醫醫醫醫醫醫醫醫

醫	醫	醫	醫
醫	醫	醫	醫
醫	醫	醫	醫
醫	醫	醫	醫

■ 의(醫)의 낱말 쓰임

의사(醫師) : 의술과 약으로 병을 고치는 직업
에 종사하는 사람

명의(名醫) : 병을 잘 고치는, 이름난 의사

옷 '의 (衣)'

훈 : 옷, 옷을 입다 / 음 : 의 / 총획 : 6획

부수 : 衣 (제 부수)

衣衣衣衣衣衣

■ 의(衣)의 낱말 쓰임

의복(衣服) : 옷

하의(下衣) : 몸의 아랫도리에 입는 옷. 바지나
치마 따위 / 반대말 : 상의(上衣)

놈 '자 (者)'

훈 : 사람, 것 / 음 : 자 / 총획 : 9획

부수 : 耂 (老-늙을로 엄)

者者者者者者者者者

■ 자(者)의 낱말 쓰임

부자(富者) : 살림이 넉넉한 사람. 재산이 많은
사람. 재산가

타자(打者) : 야구에서, 상대편 투수의 공을 치
는 공격진의 선수. 타수

64

지을 '작 (作)'

훈: 짓다, 일하다 / **음**: 작 / **총획**: 7획

부수: 亻 (사람인 변)

作作作作作作作

作	作	作	作
作	作	作	作
作	作	作	作
作	作	作	作

■ 작(作)의 낱말 쓰임

작곡(作曲) : 음악상의 작품을 창작하는 일. 또는 시나 대본 등에 가락을 붙이는 일

명작(名作) : 이름난 작품. 뛰어난 작품

어제 '작 (昨)'

훈: 어제, 엊그제 / **음**: 작 / **총획**: 9획

부수: 日 (날 일)

昨昨昨昨昨昨昨昨昨

昨	昨	昨	昨
昨	昨	昨	昨
昨	昨	昨	昨
昨	昨	昨	昨

■ 작(昨)의 낱말 쓰임

작년(昨年) : 지난 해

재작년(再昨年) : 지난 해의 전 해. 전 전년

글 '장 (章)'

훈 : 글, 맑다 / 음 : 장 / 총획 : 11획

부수 : 立 (설 립)

章章章章章章章章章章

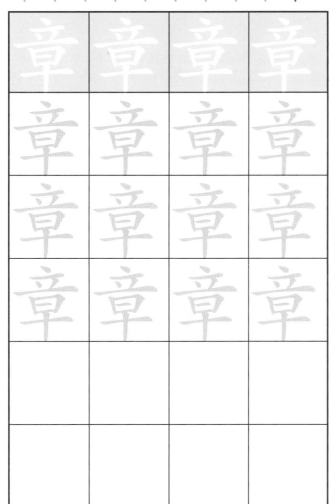

재주 '재 (才)'

훈 : 재주, 재간 / 음 : 재 / 총획 : 3획

부수 : 才 (재방변 = 手)

才才才

■ 장(章)의 낱말 쓰임

훈장(勳章) : 공이 있는 사람에게 국가에서 표창하기 위하여 내리는 휘장

문장(文章) : 어떤 생각이나 느낌을 줄거리와 글자로써 적어 나타낸 것

■ 재(才)의 낱말 쓰임

재롱(才弄) : 어린 아이들의 슬기롭고 귀여운 말과 행동

천재(天才) : 태어날 때부터 갖춘 뛰어난 재주, 또는 그런 재주를 가진 사람

66

있을 '재 (在)'

| 훈 : 있다, 살다 | 음 : 재 | 총획 : 6획 |
| 부수 : 土 (흙 토) | | |

在在在在在在

在	在	在	在
在	在	在	在
在	在	在	在
在	在	在	在

■ 재(在)의 낱말 쓰임

재학(在學) : 학교에 학적을 두고 공부함

존재(存在) : 실제로 있음, 또는 있는 그것

싸울 '전 (戰)'

| 훈 : 싸우다, 무서워 떨다 | 음 : 전 | 총획 : 16획 |
| 부수 : 戈 (창 과) | | |

戰戰戰戰戰戰戰戰戰戰

戰	戰	戰	戰
戰	戰	戰	戰
戰	戰	戰	戰
戰	戰	戰	戰

■ 전(戰)의 낱말 쓰임

전쟁(戰爭) : 국가 또는 교전 단체 사이에 서로 무력을 써서 하는 싸움

참전(參戰) : 전쟁에 참가함

정할 '정 (定)'

훈 : 정하다, 그치다 / 음 : 정 / 총획 : 8획

부수 : 宀 (갓머리)

定定定定定定定定

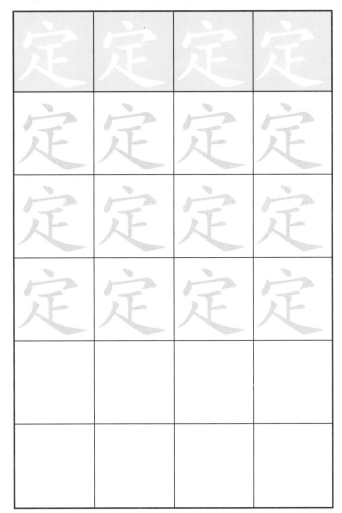

뜰 '정 (庭)'

훈 : 뜰, 집안 / 음 : 정 / 총획 : 10획

부수 : 广 (엄 호)

庭庭庭庭庭庭庭庭庭庭

■ 정(定)의 낱말 쓰임

정량(定量) : 정해진 일정한 분량

측정(測定) : 헤아려서 정함. 어떤 양의 크기를
기계나 장치로 잼

■ 정(庭)의 낱말 쓰임

정원(庭園) : 뜰, 특히 잘 가꾸어 놓은 넓은 뜰

교정(校庭) : 학교의 뜰, 운동장

차례 '제 (第)'

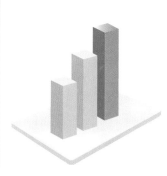

| 훈 : 차례, 과거 / 음 : 제 / 총획 : 11획 |
| 부수 : 竹 (대 죽) |

第第第第第第第第第第

第	第	第	第
第	第	第	第
第	第	第	第
第	第	第	第

제목 '제 (題)'

| 훈 : 제목, 이마 / 음 : 제 / 총획 : 18획 |
| 부수 : 頁 (머리 혈) |

題題題題題題題題題題

題	題	題	題
題	題	題	題
題	題	題	題
題	題	題	題

■ 제(第)의 낱말 쓰임

급제(及第) : 시험이나 검사 따위에 합격함. 지난날, 과거에 합격하던 일

낙제(落第) : 어떤 일정한 조건에 미달하거나 좋은 결과에 이르지 못함

■ 제(題)의 낱말 쓰임

제호(題號) : 책자 같은 것의 제목

숙제(宿題) : 학생에게 내어 주는 과제. 앞으로 두고 해결해야 할 문제

69

아침 '조 (朝)'

훈 : 아침, 조정 / 음 : 조 / 총획 : 12획

부수 : 月 (달 월)

朝朝朝朝朝朝朝朝朝朝

朝	朝	朝	朝
朝	朝	朝	朝
朝	朝	朝	朝
朝	朝	朝	朝

겨레 '족 (族)'

훈 : 겨레, 무리 / 음 : 족 / 총획 : 11획

부수 : 方 (모 방)

族族族族族族族族族族

族	族	族	族
族	族	族	族
族	族	族	族

■ 조(朝)의 낱말 쓰임

조회(朝會) : 주로 학교에서, 담임 선생과 학생
들이 수업 전에 모여서 하는 회의

조조할인(무朝割引) : 극장에서 보통 오전에
입장요금을 할인하는 일

■ 족(族)의 낱말 쓰임

족보(族譜) : 한 가문의 대대의 혈통 관계를 기
록한 책

가족(家族) : 혈연과 혼인 관계 등으로 한 집안
을 이룬 사람들의 집단

물댈 '주 (注)'

훈 : 물을 대다, 붓다 / 음 : 주 / 총획 : 8획

부수 : 氵 (삼수 변)

注注注注注注注注

注	注	注	注
注	注	注	注
注	注	注	注
注	注	注	注

낮 '주 (晝)'

훈 : 낮, 대낮 / 음 : 주 / 총획 : 11획

부수 : 日 (날 일)

晝晝晝晝晝晝晝晝晝晝

晝	晝	晝	晝
晝	晝	晝	晝
晝	晝	晝	晝
晝	晝	晝	晝

■ 주(注)의 낱말 쓰임

주유소(注油所) : 특별한 장치를 설비하여 자
동차에 기름을 넣어 주는 곳
발주(發注) : 제품이나 상품 따위를 주문함

■ 주(晝)의 낱말 쓰임

주간(晝間) : 낮 동안
주야(晝夜) : 낮과 밤. 밤낮

모을 '집 (集)'

훈 : 모으다, 편안하다 / 음 : 집 / 총획 : 12획

부수 : 隹(새 추)

集集集集集集集集集集

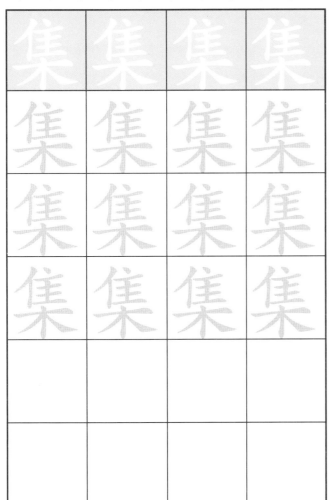

창문 '창 (窓)'

훈 : 창문, 지게문 / 음 : 창 / 총획 : 11획

부수 : 穴 (구멍 혈)

窓窓窓窓窓窓窓窓窓窓

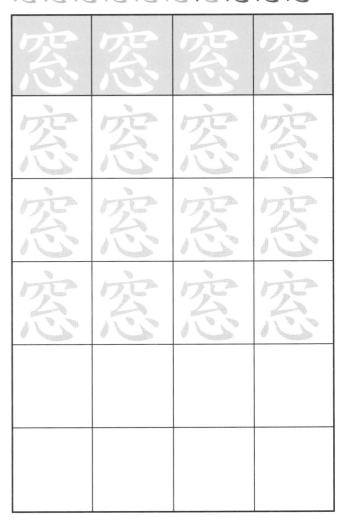

■ 집(集)의 낱말 쓰임

집단(集團) : 많은 사람이나 동물, 또는 물건이
모여서 무리를 이룬 상태

전집(全集) : 한 사람의 모든 저작물을 모아서
한 질로 출판한 책

■ 창(窓)의 낱말 쓰임

창문(窓門) : 채광이나 통풍을 위하여 벽에 낸
작은 문

동창(同窓) : 같은 학교나 같은 스승 밑에서 공
부한 관계.

맑을 '청 (淸)'	몸 '체 (體)'

훈 : 맑다, 깨끗하다 / 음 : 청 / 총획 : 11획	훈 : 몸, 근본 / 음 : 체 / 총획 : 23획
부수 : 氵(삼수변)	부수 : 骨 (뼈 골)

淸淸淸淸淸淸淸淸淸淸　　體體體體體體體體體體

淸	淸	淸	淸	體	體	體	體
淸	淸	淸	淸	體	體	體	體
淸	淸	淸	淸	體	體	體	體
淸	淸	淸	淸	體	體	體	體

■ 청(淸)의 낱말 쓰임

청소(淸掃) : 깨끗이 쓸고 닦음, 또는 더러운 것
을 없애서 깨끗이 함

청명(淸明) : 24절기 중 하나. 맑고 밝은 봄 날
씨의 시작

■ 체(體)의 낱말 쓰임

체육(體育) : 건강한 몸과 온전한 운동 능력을
기르는 일

인체(人體) : 사람의 몸

친할 '친 (親)'

훈 : 친하다, 어버이 / 음 : 친 / 총획 : 16획

부수 : 見 (볼 견)

親親親親親親親親親親

親	親	親	親
親	親	親	親
親	親	親	親
親	親	親	親

■ 친(親)의 낱말 쓰임

친구(親舊) : 오래 두고 가깝게 사귄 벗
부친(父親) : 아버지의 높임말

클 '태 (太)'

훈 : 크다, 심하다 / 음 : 태 / 총획 : 4획

부수 : 大 (큰 대)

太太太太

太	太	太	太
太	太	太	太
太	太	太	太
太	太	太	太

■ 태(太)의 낱말 쓰임

태극(太極) : 동양 철학에서, 온 세상의 만물이 생겨나는 근원을 이름. 우리 나라 국기의 상징
태양(太陽) : 태양계의 중심을 이루는 항성. 해

통할 '통 (通)'

通

훈 : 통하다, 알리다 / 음 : 통 / 총획 : 11획

부수 : 辶 (책받침)

通通通通通通通通通通

通	通	通	通
通	通	通	通
通	通	通	通
通	通	通	通

■ 통(通)의 낱말 쓰임

통학(通學) : 기숙사가 아닌 자기 집이나 다른 곳에서 학교까지 다님

개통(開通) : 새로 시설한 도로·전신·전화 따위를 처음으로 이용할 수 있는 상태

특별할 '특 (特)'

特

훈 : 특별하다, 홀로 / 음 : 특 / 총획 : 10획

부수 : 牛 (소 우)

特特特特特特特特特特

特	特	特	特
特	特	特	特
特	特	特	特
特	特	特	特

■ 특(特)의 낱말 쓰임

특별(特別) : 보통과 아주 다름. 특수

독특(獨特) : 특별히 다름

겉 '표 (表)'

훈 : 겉, 나타내다 / 음 : 표 / 총획 : 8획

부수 : 衣 (옷 의)

表表表表表表表表

表	表	表	表
表	表	表	表
表	表	表	表
表	表	表	表

■ 표(表)의 낱말 쓰임

표정(表情) : 마음 속의 감정이나 정서 따위의 심리 상태가 얼굴에 나타남

발표(發表) : 널리 드러내어 알림. 여러 사람 앞에서 의견이나 생각을 말함

바람 '풍 (風)'

훈 : 바람, 경치 / 음 : 풍 / 총획 : 9획

부수 : 風 (제 부수)

風風風風風風風風風

風	風	風	風
風	風	風	風
風	風	風	風
風	風	風	風

■ 풍(風)의 낱말 쓰임

풍경(風景) : 산이나 강 따위 자연의 아름다운 모습. 경치

화풍(畵風) : 그림의 경향, 또는 특징

합할 '합 (合)'

훈 : 합하다, 모이다 / 음 : 합 / 총획 : 6획

부수 : 口 (입 구)

合合合合合合

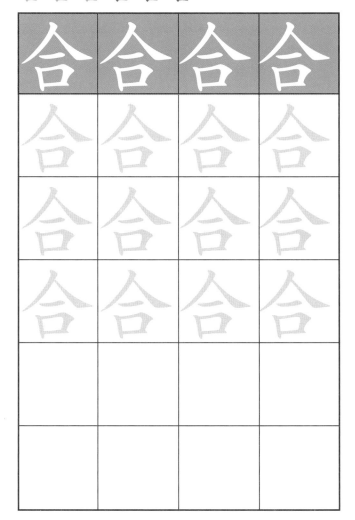

合	合	合	合
合	合	合	合
合	合	合	合
合	合	合	合

다닐 '행 (行)'

훈 : 다니다, 항렬 / 음 : 행, 항 / 총획 : 6획

부수 : 行 (제 부수)

行行行行行行

行	行	行	行
行	行	行	行
行	行	行	行
行	行	行	行

■ 합(合)의 낱말 쓰임

합심(合心) : 두 사람 이상이 마음을 한 데 합함
집합(集合) : 한 군데로 모이거나 모음

■ 행(行)의 낱말 쓰임

행진(行進) : 여럿이 줄을 지어 앞으로 나아감
효행(孝行) : 어버이를 잘 섬기는 행실

다행 '행 (幸)'

훈 : 다행, 바라다 / **음** : 행 / **총획** : 8획

부수 : 干 (방패 간)

幸 幸 幸 幸 幸 幸 幸 幸

幸	幸	幸	幸
幸	幸	幸	幸
幸	幸	幸	幸
幸	幸	幸	幸

■ 행(幸)의 낱말 쓰임

행복(幸福) : 복된 운수
다행(多幸) : 일이 잘 되어 좋음. 뜻밖에 잘 되어 좋음

향할 '향 (向)'

훈 : 향하다, 나아가다, 성 / **음** : 향, 상 / **총획** : 6획

부수 : 口 (입 구)

向 向 向 向 向 向

向	向	向	向
向	向	向	向
向	向	向	向
向	向	向	向

■ 향(向)의 낱말 쓰임

향상(向上) : 기능이나 정도 따위가 위로 향하여 나아감. 높아짐. 좋아짐
풍향(風向) : 바람이 부는 방향

나타날 '현 (現)'

現

훈 : 나타나다, 이제 / 음 : 현 / 총획 : 11획

부수 : 玉 (구슬 옥)

現現現現現現現現現現

現	現	現	現
現	現	現	現
現	現	現	現
現	現	現	現

■ 현(現)의 낱말 쓰임

현금(現金) : 현재 가지고 있는 돈
출현(出現) : 없던 것이나 숨겨져 있던 것이 나
타남

형상 '형 (形)'

形

훈 : 형상, 나타나다 / 음 : 형 / 총획 : 7획

부수 : 彡 (터럭 삼)

形形形形形形形

形	形	形	形
形	形	形	形
形	形	形	形
形	形	形	形

■ 형(形)의 낱말 쓰임

지형(地形) : 산이나 들, 내의 높거나 낮고 비탈
진 모양
인형(人形) : 사람의 형상. 사람의 형상을 본떠
만든 장난감

부르짖을 '호 (號)'

훈 : 부르짖다, 울부짖다 / 음 : 호 / 총획 : 13획

부수 : 虍 (범 호)

號號號號號號號號號號

號	號	號	號
號	號	號	號
號	號	號	號
號	號	號	號

화할 '화 (和)'

훈 : 화하다, 화목하다 / 음 : 화 / 총획 : 8획

부수 : 口 (입 구)

和和和和和和和和

和	和	和	和
和	和	和	和
和	和	和	和
和	和	和	和

■ 호(號)의 낱말 쓰임

호령(號令) : 명령함, 또는 그 명령. 큰 소리로 꾸짖음

신호(信號) : 소리·색깔·빛·모양 따위의 일정한 부호에 의해 의사를 전하는 일

■ 화(和)의 낱말 쓰임

화색(和色) : 온화한 얼굴빛. 얼굴에 드러나는 환한 빛

불화(不和) : 서로 화합하지 못함, 또는 서로 사이좋게 지내지 못함

80

그림 '화(畫)'

훈 : 그림, 긋다 / 음 : 화 / 총획 : 12획

부수 : 田 (밭 전)

畫畫畫畫畫畫畫畫畫畫

畫	畫	畫	畫
畫	畫	畫	畫
畫	畫	畫	畫
畫	畫	畫	畫

■ 화(畫)의 낱말 쓰임

화가(畫家) : 그림 그리는 일을 전문으로 하는 사람

판화(版畫) : 목판·석판 따위에 그림을 새기고 잉크나 물감을 칠하여 찍어낸 그림

누를 '황(黃)'

훈 : 누렇다, 늙은이 / 음 : 황 / 총획 : 12획

부수 : 黃 (제 부수)

黃黃黃黃黃黃黃黃黃黃

黃	黃	黃	黃
黃	黃	黃	黃
黃	黃	黃	黃
黃	黃	黃	黃

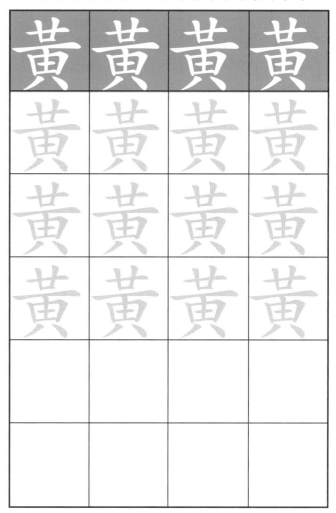

■ 황(黃)의 낱말 쓰임

황사(黃砂) : 노란 빛깔의 모래. 중국 황토가 바람에 날려와 하늘에 누렇게 끼는 현상

주황(朱黃) : 빨강과 노랑의 중간색

모일 '회 (會)'

훈 : 모으다, 모이다 / 음 : 회 / 총획 : 13획

부수 : 曰 (가로 왈)

會會會會會會會會會會

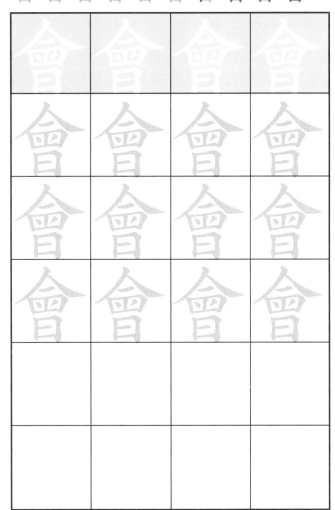

가르칠 '훈 (訓)'

훈 : 가르치다, 훈계하다 / 음 : 훈 / 총획 : 10획

부수 : 言 (말씀 언)

訓訓訓訓訓訓訓訓訓訓

■ 회(會)의 낱말 쓰임

회담(會談) : 만나거나 모여서 의논함, 또는 그 의논

총회(總會) : 그 기관이나 단체 전원의 모임

■ 훈(訓)의 낱말 쓰임

훈화(訓話) : 교훈의 말. 훈시하는 말

교훈(教訓) : 가르침. 행동이나 생활에 도움이 될 만한 것

가족(家族) 성명(姓名)

○ 가족(家族)들의 이름을 한자(漢字)로 적어 보세요.

本人

父母

兄弟姉妹

祖父母

모의 한자능력검정시험

1. 다음 漢字(한자)의 訓(훈: 뜻)과 音(음: 소리)를 쓰세요.

<보기>

字 ──→ 글자 자

1. 名	19. 信
2. 開	20. 勝
3. 共	21. 愛
4. 計	22. 藥
5. 高	23. 英
6. 郡	24. 園
7. 今	25. 衣
8. 多	26. 作
9. 短	27. 章
10. 圖	28. 戰
11. 童	29. 朝
12. 利	30. 窓
13. 理	31. 親
14. 美	32. 表
15. 反	33. 風
16. 放	34. 現
17. 病	35. 形
18. 死	36. 訓

2. 다음 漢字語(한자어)를 읽고 讀音(독음)을 쓰세요.

〈보기〉

漢字 ⟶ 한자

1. 上京
2. 開校
3. 新聞
4. 文章
5. 現金
6. 病院
7. 科學
8. 天使
9. 美人
10. 公園
11. 樂器
12. 會社
13. 身體
14. 童話
15. 代父
16. 目次
17. 成功
18. 平等
19. 昨年
20. 通學
21. 友愛
22. 發明
23. 朝會
24. 圖表
25. 永久齒
26. 明堂
27. 夜光
28. 雪景
29. 反對
30. 消毒
31. 便利
32. 全集
33. 世界
34. 幸運
35. 讀書
36. 本名

3. 다음 네모 안에 있는 낱말을 보기에서 찾아 漢字(한자)로 쓰세요.

〈보기〉

蹴球, 感想, 新聞, 韓服, 部族, 光復, 洋服, 淸掃
讀書, 會社, 天使, 發明, 雪景, 級數, 病院, 友情

1. 하늘에서 **천사**가 내려와 선물을 줍니다. —

2. 에디슨은 세계의 **발명** 왕입니다. —

3. 월드컵은 **축구** 경기입니다. —

4. 아프리카에는 여러 **부족**들이 살고 있습니다. —

5. 매일 아침 **신문**을 봅니다. —

6. 매일 한 권씩 꾸준히 **독서**를 합니다. —

7. 8월 15일은 우리나라 **광복**절입니다. —

8. 음악 **감상**을 하면 마음이 편안해 집니다. —

9. 아버지는 **양복**을 즐겨 입습니다. —

10. 친구와의 **우정**은 소중합니다. —

11. 부모님은 **회사**에 다니십니다. —

12. 눈이 많이 내린 **설경**은 아름답습니다. —

13. 명절 때는 **한복**을 입습니다. —

14. 수업을 마친 후에 간단한 **청소**를 합니다. —

15. 한자능력시험에는 **급수**가 있습니다. —

4. 다음 漢字(한자)와 訓(훈:뜻)이 같은 한자를 찾아 번호를 쓰세요.

1. 堂   (① 米   ② 室   ③ 來   ④ 國)
2. 言   (① 語   ② 美   ③ 風   ④ 夕)

5. 다음 漢字(한자)와 음(음)이 같은 한자를 찾아 번호를 쓰세요.

1. 社   (① 光   ② 利   ③ 定   ④ 事)
2. 古   (① 區   ② 高   ③ 民   ④ 活)
3. 代   (① 多   ② 國   ③ 待   ④ 園)
4. 永   (① 英   ② 言   ③ 溫   ④ 語)

6. 다음 漢字(한자)의 반대어를 찾아 번호를 쓰세요.

1. 短   (① 高   ② 多   ③ 長   ④ 夕)
2. 答   (① 問   ② 聞   ③ 弱   ④ 社)
3. 開   (① 閉   ② 信   ③ 區   ④ 訓)

6. 다음 漢字語(한자어)의 뜻을 쓰세요.

1. 齒藥
2. 韓服
3. 身體

한자능력검정시험 6급 배정 한자 (150자)

※ 8·7급에서 배운 150자와 아래의 새로 배운 150자를 합한 300자가 6급 한자입니다.

各 – 각각 각	待 – 기다릴 대	本 – 근본 본	野 – 들 야	定 – 정할 정
角 – 뿔 각	對 – 대답할 대	服 – 옷 복	弱 – 약할 약	庭 – 뜰 정
感 – 느낄 감	度 – 법도 도	部 – 떼 부	藥 – 약 약	第 – 차례 제
強 – 굳셀 강	圖 – 그림 도	分 – 나눌 분	陽 – 볕 양	題 – 제목 제
開 – 열 개	讀 – 읽을 독	社 – 모일 사	洋 – 큰바다 양	朝 – 아침 조
京 – 서울 경	童 – 아이 동	死 – 죽을 사	言 – 말씀 언	族 – 겨레 족
界 – 경계 계	頭 – 머리 두	使 – 부릴 사	業 – 업 업	注 – 물댈 주
計 – 셈할 계	等 – 무리 등	書 – 글 서	永 – 길 영	晝 – 낮 주
古 – 옛 고	樂 – 즐거울 락	石 – 돌 석	英 – 꽃부리 영	集 – 모을 집
高 – 높을 고	禮 – 예절 례	席 – 자리 석	溫 – 따뜻할 온	窓 – 창문 창
苦 – 괴로울 고	例 – 법식 례	線 – 줄 선	用 – 쓸 용	淸 – 맑을 청
公 – 공변될 공	路 – 길 로	雪 – 눈 설	勇 – 용감할 용	體 – 몸 체
功 – 공(로) 공	綠 – 초록빛 록	成 – 이룰 성	運 – 움직일 운	親 – 친할 친
共 – 함께 공	理 – 다스릴 리	省 – 살필 성	園 – 동산 원	太 – 클 태
果 – 열매 과	利 – 이로울 리	消 – 사라질 소	遠 – 멀 원	通 – 통할 통
科 – 과목 과	李 – 오얏 리	速 – 빠를 속	由 – 말미암을 유	特 – 특별할 특
光 – 빛 광	明 – 밝을 명	孫 – 손자 손	油 – 기름 유	表 – 겉 표
交 – 사귈 교	目 – 눈 목	樹 – 나무 수	銀 – 은 은	風 – 바람 풍
區 – 구역 구	聞 – 들을 문	術 – 재주 술	音 – 소리 음	合 – 합할 합
球 – 공 구	美 – 아름다울 미	習 – 익힐 습	飮 – 마실 음	行 – 다닐 행
郡 – 고을 군	米 – 쌀 미	勝 – 이길 승	意 – 뜻 의	幸 – 다행 행
近 – 가까울 근	朴 – 순박할 박	始 – 비로소 시	醫 – 의원 의	向 – 향할 향
根 – 뿌리 근	反 – 되돌릴 반	式 – 법 식	衣 – 옷 의	現 – 나타날 현
今 – 이제 금	半 – 반 반	信 – 믿을 신	者 – 놈 자	形 – 형상 형
急 – 급할 급	班 – 나눌 반	身 – 몸 신	作 – 지을 작	號 – 부르짖을 호
級 – 등급 급	發 – 필 발	神 – 귀신 신	昨 – 어제 작	和 – 화할 화
多 – 많을 다	放 – 놓을 방	新 – 새 신	章 – 글 장	畫 – 그림 화
短 – 짧을 단	番 – 차례 번	失 – 잃을 실	才 – 재주 재	黃 – 누를 황
堂 – 집 당	別 – 다를 별	愛 – 사랑 애	在 – 있을 재	會 – 모일 회
代 – 대신할 대	病 – 병들 병	夜 – 밤 야	戰 – 싸울 전	訓 – 가르칠 훈